Milton Keynes UK
Ingram Content Group UK Ltd.
UKRC041953150424
441221UK00006B/45

9781778921261

به نام عشق

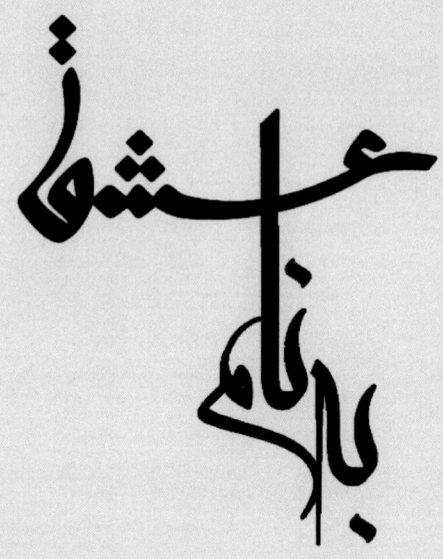

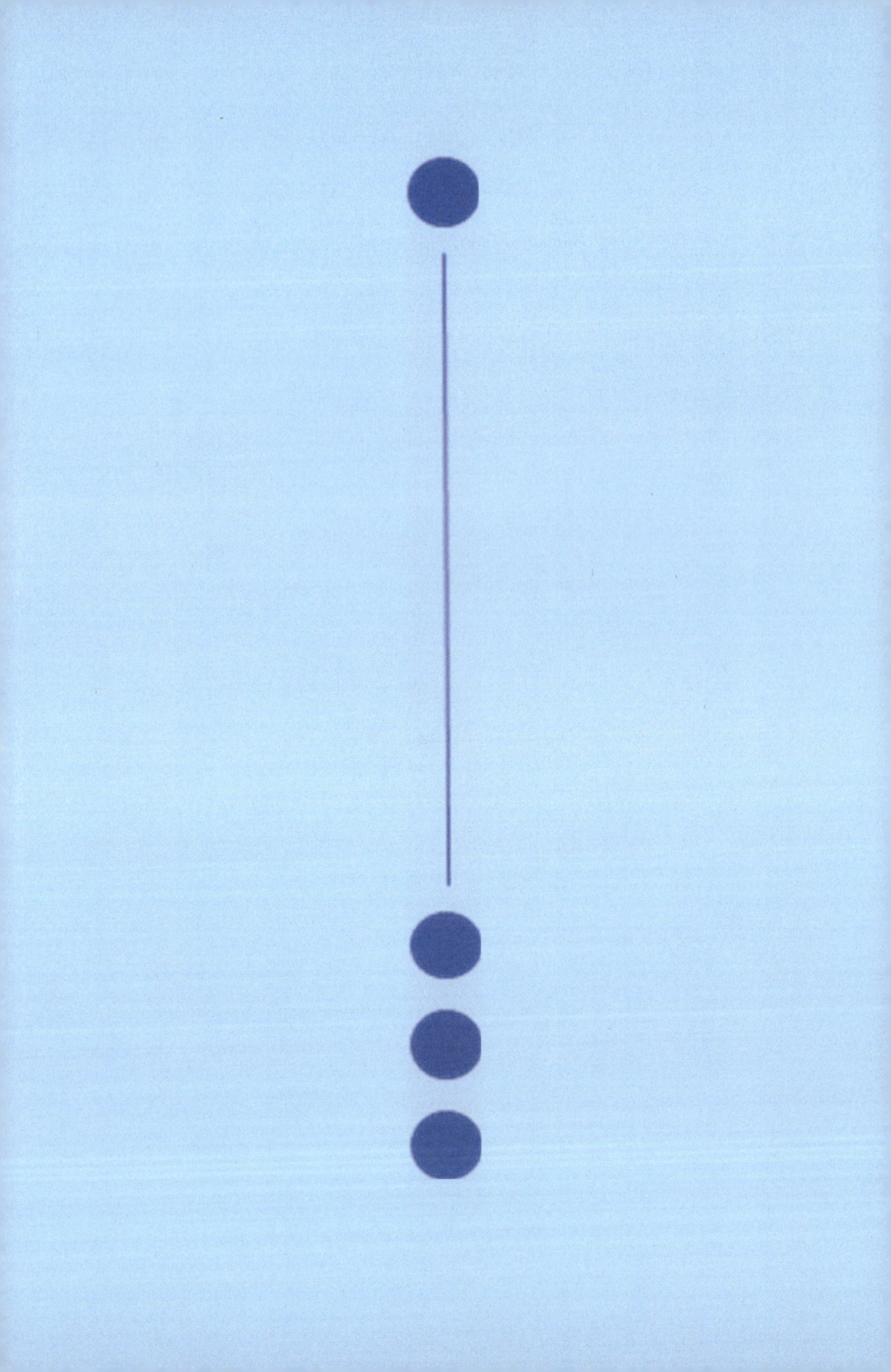

گل راز

زهره انصاری

سریال کتاب:H2445100192

عنوان: گل راز

زیرنویس عنوان: مجموعه اشعار

پدیدآورنده: زهره انصاری

طراحی و نقاشی: زهره انصاری

صفحه آرایی: نرگس تاج الدینی

طراحی جلد: محبوبه لعل پور

شابک: ISBN: 9781778920905

موضوع: شعر

مشخصات کتاب: صحافی گالینگور، سایز وزیری

تعداد صفحات: ۱۰۸

تاریخ نشر در کانادا: مارچ ۲۰۲۴

انتشارات در کانادا: انتشارات بین المللی کیدزوکادو

Kidsocado Publishing House

خانه انتشارات کیدزوکادو

ونکوور، کانادا

تلفن: +1 (833) 633 8654

واتس آپ: +1 (236) 333 7248

ایمیل: INFO@KIDSOCADO.COM

وبسایت انتشارات: HTTPS://KIDSOCADO.COM

وبسایت فروشگاه: HTTPS://KPHCLUB.COM

خوبست که، هستی!

خوبست در این باغ تو هستی به کنارم

خوبست که با تو نفسی هست مجالم

خوبست دمی در دل گلزار محبت

عطر نفس پاک تو پر کرده مشامم

تقدیم به آنان که همدلی را آموخته اند...

زهره انصاری

قدردانی

صمیمانه از یارانی که همواره مشوق و همراه و همدل بوده اند تشکر می کنم.

از همراهی دوست عزیز خانم فرحناز دبردانی در جمع آوری نوشته ها و اشعار من و تنظیم این مجموعه سپاسگزارم. شور و شوق ایشان، مرا به انجام این امر برانگیخت.

سپاس ویژه از دوست و یار دانشمند، مهربان و صبورم، خانم لی لی مولوی، که در هر قدم این مسیر با من همراه و یکدل بوده اند.

از مهر بی شایبه دوست ادیب و شاعر ارجمند، سرکار خانم پری ناز ژندی در بازنگری و ویرایش ادبی کتاب "گل راز" صمیمانه سپاسگزار و قدردان، هستم.

گفته بودی با دل "دوستت می‌دارم!"

دل به دریا زد و گفت

راز خود را با باد

باد رقصاند هوس را در موج

زورقی برد تو را سوی سفر

دل اسیر غم عشقت به قفس

سخت لرزید و شکست...

راز دلباختگی را به نهان باید گفت!

قصه عشق همانست که شد راز نهفت!

که یکی شد مجنون

و دگر چون لیلی ...

گوش دریا همه از ناله‌ی عشاق پر است

بهار ۱۴۰۲

فهرست مطالب

● ● ● مقدمه

آدمی برای زندگی نیاز به یک چرا دارد. چرایی که در هر برهه از زندگی به نوعی متفاوت تجلی می‌کند. برای کودک، جوان، بزرگسال، زن یا مرد.

پاییز سال ۱۳۹۸(۲۰۱۹ میلادی)؛ در آغازین روزهای پنجاه سالگی‌ام حضور خداوند، که همواره در لحظه لحظه زندگی‌ام جاری بوده است، بار دیگر مرا به سوی تجربه‌ای والا و بی بدیل از عشق سوق داد. نمی‌دانستم چه اندازه تشنه‌ام، یک جرعه از آن چشمه روشن کافی بود تا بی مهابا درب خانه دلم را به نور بگشایم و مهر را با همه وجودم در آغوش بگیرم.

به لطف خداوند و همراهی جان‌های عزیز یاران و دوستان، نخستین مجموعه گلچین دلنوشته‌هایم با نام "گل‌ریز" در زمستان ۱۳۹۸ (ژانویه ۲۰۲۰) منتشر شد.

گل‌ریز، یادگار روزگاران عزیزی است. روزگاران آرام و آلام، رفاقت و فراقت، نیش و نوش، اشک و لبخند، که با امید و دلگرمی در کنار همدلان سپری شد و مگر زندگی هر لحظه‌اش جز این است؟

روزگار ناشکیب است! امروز در پاییز سال ۱۴۰۲ (۲۰۲۳ میلادی) پس از چهار سال و انگار همین دیروز بود..!. اکنون با امید و به یاری یزدان، مجموعه گلریز (۲) در چهار کتاب در دست نگارش است. کتاب گلراز نخستین کتاب از این مجموعه است که شامل اشعار موج نو، رباعیات، تک بیتی‌ها، و دو بیتی‌ها می‌باشد.

نوشته‌های من، عصاره‌ای است از احساسات و شیره دل جوشانی که عشق را می‌جوید. جایی که اشک راه گلو را می‌بندد، قلم دل سپید کاغذ را رنگین می‌کند. جایی که اندیشه قاصر می‌شود، دل زبان می‌گشاید. جایی که کلام نمی‌تواند باز شود، گفتار به سوی راز می‌آید....

در یکی از روزهای پرفراز و نشیب زندگی، عزیزترینم به من گفت:

همه چیز تغییر می‌کند، همه چیز و همه کس!

آنان که در سکوت، همهمه و فریاد دل را شنیده‌اند، آنان که شکوه و جلال جاودانه عشق دگرگونشان کرده، خوب می‌دانند...

در دلم چیزی پیدا کرده‌ام؛

تغییرناپذیر! ....

زهره انصاری

پاییز ۱۴۰۲

ونکوور، کانادا

موج نو

آسمان آغوش آبی کرده باز

چشم دریا منتظر

بر سر سجاده ی خورشید، اعجازی به لب دارد سحر!

گر بر آنی که برانی، نتوانی!
که بر آنم که بمانم
چه برانی، چه بخوانی!

به دردی در سینه
جدا افتاده
همی جویم تا بیشترت یابم!

نه آنکه نباشی
نه آنکه جدا باشی
نه پنهان چنان که نیابمت
که به هر ذره می‌بینمت!

حریق در خانه است،
دود بر سقف و خاکستر بر بساط!
جان اسیر چهار دیوار و فرشی و یک طاق!
و گر نبود امید که به دیدارم بیایی
یک نفس نبود طاقت
بر این جور و فراق!...

زبان خاموش و از عشق تو در دل صد سخن دارم!

کجا جویم تورا جانا؟ نازنین یارم؟

شبی دستم گرفتی مست

مستم کردی و گفتی گرفتاری!

رها کردی و ماندم مست

سرگردان

در دامت گرفتارم!

عمری به جستجوی پرواز، سر به سوی آسمان کشیدم
نگاه بر خورشید دوختم؛
دیده و دل را سوختم!
چون سر بر آستان نهادم، قد بر آسمان کشیدم!
چون دیده فرو بستم، چشم جان گشودم!
خاک شدم؛
آنگاه بر افلاک شدم!

آوای قریبی است در دلم
که تکرار می‌کند بی وقفه
نام تو را به وجد!

آوای یک اسیر
در های‌وهوی چکامه‌ای
در برزخ بود و نبود خویش ...

ای همراه و همدل من
ای همچو من اسیر
ما هم ریشه‌ایم
از دل یک خاک زاده‌ایم
ما در دیار خویش به غربت نشسته‌ایم
وقت است
ای مرغکان لب بسته و خاموش
سفر کنیم!
وقت است از شب ظلمت
به سوی خانه خورشید
خطر کنیم!

کدام طوفان؟

کدام تندباد؟

کدام صاعقه؛ کدام اندوه؟

وقتی با یک زمزمه هر سحرگاه

تمام آرامش هستی را به جانم هدیه می‌کنی

راز خوشبختی تنها یک لبخند است

یک نفس؛

یک هم نفس!

در غریو سکوت شنیده‌ام

آهسته‌ترین صدای بارش برگ را!

انگار پژواک ضجه زندانیان به شب

بر بام عرش

در درگاه خدا!

به تلخی نالیدم: دنیا مهمانی نقابدارهاست!

به نرمی در آغوشم گرفت: پرواز بی‌نقاب آسان‌تر است!

ستاره‌ها چشمک زنان

ماه روشن و خاموش ...

پرسیدم: مدعی؟

گفت: خود بیند و درد خود بیند

پرسیدم: مداوا؟

گفت: خود نبیند و درد را نبیند

و غیر را همه خود بیند و نه غیر

پرسیدم: آنگاه؟

گفت: همه عشق بیند و از عشق بیند، و لا غیر!

دست روزگار بر ورقی نشسته

من بر ستیغی

موی در دست باد.

دل در آغوش یاد

زبان خاموش، قلم به فریاد؛

داستان آشفته‌ای است!

گاه می‌اندیشم!

اگر قلب من زبان داشت

و زبان تو قلب

کجای این کره خاکی ملاقات می‌کردیم؟

دلم که بشکند،

چشمانم که مه‌آلود شوند

قدم خواهم زد

جاده هنوز ادامه دارد

درخت‌ها همچنان سبزند

پایان راه نزدیکست ...

بالاخره روزی می‌رسد
که آدمی نه راحت می‌خوابد
نه می‌خورد
نه می‌بیند
شاید حتی راحت راه هم نرود
ولی از زندگی لذت می‌برد
دیگر به دنبال رسیدن نیست
یا بدست آوردن چیزی
بالاخره می‌فهمد
"لحظه" را!

مرا نه در رفتار و گفتار و قضاوت خلق

نه در گذار و گدار روزگار

هیچ اختیاری نیست!

فقط می‌توانم به جای دوبار گریستن بر این خاک

دوبار بر گل رخسار کودکی که منتظر فرداست

لبخند بزنم!

روزی می‌رسد.

که در تهی‌ترین جاده

تنها خاطره‌ای از قدم‌های کودکانه باقی می‌ماند

روزی می‌رسد

که از آبشارها

تنها ردی بر چهره سنگ‌ها دیده می‌شود

در شامگاهی نه چندان دور

برکهٔ خشکیده از نگاه ماه خالی می‌شود

انجیرها بر شاخه‌ها می‌خشکند

من و تو

باغچه؛

فقط یک خاطره ...

تو گر چون ریشه در خاکی

منم آن شاخه‌ی بشکسته اندر باد

جهان را گشته‌ام

زخمی‌تر از هر برگ زیر پا

ولی هرجا رسم

بذری به خاک افشانم و گویم

من از آن ریشه‌ام

آن ریشه

در آن خاک!

چه فرق می‌کند؟

اگر تو سبزی و بر شاخ،

و من زردم و بر خاک!

اگر روزی سرخیم و در دست باد،

مهمان امروز و فردا!!

چه فرق می‌کند؟

به کدامین رنگ می‌روییم،

و به کدامین رنگ فرو می‌ریزیم؟

من و تو زاده یک درختیم؛

ریشه در یک خاک!

از یک باد فرو می‌افتیم

و در دل یک خاک، خاکستر خواهیم شد!

تو را با همه رنگ‌هایت دوست دارم!
تو همراه منی
جلوه زیبای زندگی ...

شکوه خلقت از رنگ‌های زیبای ماست؛
در کنار یکدیگر!

باور کنیم!
آنچه هرشب ستاره‌ها
بر پیکر فتاده‌ی ماه در درون آب
پرنور می‌کنند
رویای زندگی است
رویای خلقت است!

باور کنیم!
آنچه هر روز و هرشب
دستان سرد و خاموش سکوت
در وادی فراموشی و رفتن
در بیکرانه‌ی اهریمنان شب
در ظلمت غریب پس کوچه‌های شهر
پژواک می‌کنند و به کنکاش می‌برند،
رویای سرخوشی است؛
رویای بودن است!

باور کنیم!
خلقت رویایی را
باور کنیم!
رویای زندگی را

تن پوششی است.
جامه برگیریم
به دیدار جان در آییم!

دوستم بدار!

به همین سادگی!

و گاه در آغوش بگیر

هدیه سرخی را که شاید فردا دیگر نتپد

ولی امروز به شوق بازوان گرم تو

به این رگ‌های خسته جاری شده ...

دوستم بدار!

یک آفتاب کافی است؛

یک نگاه!

آدم برفی می‌داند عمر خیلی کوتاه است

خدا نکند عاشق آفتاب شود...

گفته بودی با دل "دوستت می‌دارم!"
دل به دریا زد و گفت
راز خود را با باد

باد رقصاند هوس را در موج
زورقی برد تو را سوی سفر
دل اسیر غم عشقت به قفس
سخت لرزید و شکست ...

راز دلباختگی را به نهان باید گفت!
قصه عشق همانست که شد رازِ نهفت!

که یکی شد مجنون
و دگر چون لیلی ...
گوش دریا همه از ناله‌ی عشاق پر است

ساده‌تر نگاه کن!
یک طلوع است، یک غروب
تنها خط فاصله‌ای است میان دو تاریخ!
در این میان طوفانی برمی‌خیزد
نامش می‌شود
زندگی!....

من باران شدم و باریدم
تو در پناه چتری از من گریختی
باز می‌بارم!
شاید چمن‌ها سرسبزتر برویند
به زیر پایت ...

به کدام برکه قناعت کنم؟

که دل خانه تو است و تو اقیانوس بیکران عشق و رحمت،

دریاب مرا!

و غرقم کن چنان که راهی نباشدم به بازگشت...

زمستان را کجا پرواز؟
مرا عشقت کفایت می‌کند
از برف و از باران

بهارم تا تویی
زیباترین کار جهان
تنهایی و این انتظار است

غروب گرم تابستان
پرستو عاشق برگ شقایق شد!
خزان زرد و بارانی
شقایق خسته و تنها

پرستو
رهسپار کوی تابستان دیگر شد!

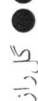

فرهاد را بگو

تا تیشه را زند

بر قلب این زمین!

ای شب ریخته بر دلت

وز بُهت حادثه مسکوت مانده لب

می‌جویمت ای عزیز!

از زیر آوار زمان

دستت را به من بده ...

سکوت تو

فریاد موج خروشان

سکوت من

نجوای قلبی شکسته

کاش به موجی فرو می‌ریخت این حصار خسته

تا در پناه آوارش

در آغوش گیریم آرامشی ابدی را!!

خشک است این هوا ...
روزی آسمان
به گریه خواهد نشست
دستم را بگیر؛
برای پریدن دو بال خیال کافی نیست!
دهلیزها، تاریک و سرد!
مسافران خسته، تشنه‌تر از کویر
مجروح حادثه؛ در انتظار...
دستان خالی تاریخ
تار و پود پژمرده‌ی زمین را نوازش می‌کنند

نفس‌های شب خسته‌اند!
در تلخی بی‌رحم این زمان
تنها پژواک تندبادی است
بر پیکر سوخته‌ی این خاک حاصل‌خیز
خارزار...
غارتگر تبسم شکوفه‌ها!
نشسته بر چهره این دشت
غبار تنهایی!

روزی نسیم سحر
بر جوانه‌ی تازه بشکفته‌ی خاک
بوسه خواهد زد
و از کهکشانی دور
دلی خواهد تپید
به یاد لحظه‌های پرشور دیار عاشقان

انتظار...
در افق شهابی پرواز می‌کند
ستاره‌ای در دل آب فرو می‌افتد
یکدم چو ماهی به دریا
یکدم چو کف سوار بر موج!
اکنون نشسته بر ساحل
در انتظار نوری از کرانه‌ها
ای مسافر چگونه‌ای؟
بوی باران می‌آید...

بناها فرو می‌ریزند

انسان‌ها می‌میرند

زمین و زمان دگرگون می‌شوند

و اندیشه‌های ما

پژواکی می‌شوند

یادواره‌ای

از آنچه گفتیم و آنچه کردیم

و افسوسی

از آنچه باید می‌گفتیم و باید می‌کردیم!

سکوت فریاد می‌کند
تو را در من!
زیباتر از همیشه
روشن‌تر از نور
رهاتر از باد
شکوفاتر از بهار
جاری‌تر از آب
جاری‌تر از خون در رگ من

ای عشق!
تا ابد جاودانه‌ای در من...

خیلی ساده!

برای نابودی من
باورم را از من بگیر؛
باورم را بکش!
بگو پرستوها کوچ نخواهند کرد
بگو بارانی نخواهد بارید
کشتن باور بهار در ذهن درخت
آغاز مرگ جنگل است!

باید رفت!

می‌بندم این فصل خسته را ...

خزان رنگینی است

برگریزان در راه است

هربرگ قصه‌ای برای گفتن دارد...

باران بارید!
آسمان مهربانی را بلد است
زمین مهربانی را بلد است
باوری تازه می‌خواهم
باوری رها
باوری بی‌انتها...
باز خواهم گشت!
عمیق‌تر خواهم رویید
بلندتر سربرخواهم افراشت
با بوی نسیم
برگ‌ها به رقص در خواهند آمد
و باران
دوباره
خواهد بارید

در کلام نمی‌گنجی مهربان رفیق!

آن دل کز آتش عشق شعله ور شود

خورشید، خانه‌ی روزش بود

فلک، بستر شبش

اگر روزی باد در حصار شود،
نور در قفس، ابر در زنجیر،
اگر روزی، خورشید خاموش شود
آن وقت شاید؛
"شاید"
دوستت نداشته باشم !...

گل رز

نخواهد پایید!
هزاران چون پیامبر
هزاران برهما
هزاران من و تو
آمده‌اند و رفته‌اند!

جهان چون رقص شیبا
همه یک رقص زیباست
چنان بازوی گشاده‌ام
که سوی آسمان رقصم!

فرصت عاشقی است؛

باران!
پژواک قدم‌ها!
ای باغچه کوچک دل من؛
چند بهار را در آغوش گرفته‌ای؟
داغ چند تابستان بر دلت نشسته؟
تا زمستان راهی نمانده
رنگی از این خزان بگیر!

در انتظار آغوش سپید روزگار

خاموش می‌نشینم!

نه برای فراموشی

نه برای بریدن

نه برای بدرود!

پنجره را می‌گشایم!

من ترنم بهار را

حرم نفس‌های تابستان را

گریه‌های رنگین خزان را

در ذهن باغچه تکرار می‌کنم!

تا تو در دل منی

هر سپیده دم آغاز بهار است! ...

فروغ تو در جلوه خورشیدست

آرامشت در نگاه ماه!

به ساغر گرمای تو بخشیده‌اند

به عسل حلاوت زنخدانت!

شعر من حدیثی است از داستان لبت؛

چو گشایی همه قندست، چو ببندی میوه باغ بهشت!

دشتی از شقایق‌های سرخ

سقفی آبی و بلند

سوار بر ساقه‌های لرزان بید

در انتظار عبور نسیم

ایستاده‌ام

در این میهمانی کوتاه....

رازی است در این سکوت....

شاید شبی شیون این موج بی فرود

یکباره نعره‌ای زند از قعر خامشی

شاید شبی از دل این آبی بلند

برهم زنم آرامش این قرن خسته را!!

تا باز خنده خورشید بشکفد

در مردمک چشم فروخفته زمان ...

سپیده سر رسید،

سحر به سر آمد

در اندیشه‌ام هنوز...

آیا خورشید من

دوباره برخواهد آمد؟

مرغ دلم

در قفس اسیر؛

صاحب قفس، مرغ دیگری خرید!

شاپرکم بال و پر نداشت

بر پیله‌اش[1] نشستم، دیده دوختم

پیله را تنید

پیله را درید

پرگشود و

رفت ...

---

[1] پیله پروانه‌ها از شاخه درخت یا تکیه‌گاه آویزان است ولی پیله شاپرک‌ها بر زمین قرار دارد.

اگر معشوق جان دیدی
در آغوشش به آرامش خرامیدی
ز رویش بوسه‌ای مستانه دزدیدی
به رنج روزگاران
مست و بی پروای خندیدی
ز هجرش سوی آسایش
دریغا! برنمی‌گردی

رباعیات

یارب! توبه درد عشق درمانم ده

گم گشته دلم! چراغ ایمانم ده

یک بوسه تو هزارگل جان بدهد

مردم به تمنای لبت! جانم ده

در باغ دلت چو بلبل خوش‌نفسم
آزاد ز عالمم چو در این قفسم
ترسم که ز بند قفسم باز رهی
گر سِرّ دلم، غزل شود در نفسم

چشمان توام چو جام گلگون شراب
از باده تو مستم، چشم تو خراب
با شوق تو سر نهم به بالین خیال
شاید کشدم خواب در آغوش سراب

باغ دل من شکوفه‌ساران شده است
در ساغر جان شراب الوان شده است
از شهد توام سخن به لب قند و عسل
جان از تو غزل‌سرای جانان شده است

یا رب؛ تو به درد عشق درمانم ده
گم گشته دلم؛ چراغ ایمانم ده
یک بوسه‌ی تو، هزار گل جان بدهد
مردم به تمنای لبت! جانم ده

بر درگه عشق تو منم حلقه به گوش
سودای تو در سرم، فدایت سر و هوش
در سینه دلم تپید فرمان تو بود
جز عشق ز هر غمی مرا پرده بپوش

گفتی غزلت مونس جانست مرا
دور از تو به شب آه و فغانست مرا
گفتم سخنم شرح دل بیمارست
خود زردی رخ درد عیانست مرا

ساقی شده‌ام خراب چشم سیهت
دردی کش و مست ساغری از قدحت
از موی، میانه می‌کشی بر دل و جان
مستی چو منی چه فتنه بیند به رهت

من با تو دوانده‌ام به هرسو ریشه
این سو، آن سو، به دشت و باغ و بیشه
تا سبزه به گلشن جهانیم به عشق
ما را نبود ز داس غم اندیشه

سرمست و غزل خوان شده بلبل به بهار
رقصان به چمن شکوفه در دامن یار
برگیر صراحی، بزن اینک دوسه جام
کاین باغ و گل و بهار باشد به گذار

هرلحظه ز تو بهار می‌خواهم بود
بر سوسن و گل کنار می‌خواهم بود
مستانه چو خنده بر چمنزار زنی
من بلبل سبزه زار می‌خواهم بود

از جور زمانه ناله‌ها کرده دلم
صد مویه و گریه بی‌صدا کرده دلم
از آه و فغان بریده، در خلوت عشق
تا شیوه خامشی بنا کرده دلم

یادت همه جا با من و دل همسفر است
دور از تو دلم خسته و خونین جگر است
شب بسته دو دیده را خیال رخ تو
بنشین به نگاه من که وقت سحر است

صبح است و من از خمار شب مدهوشم
ساقی بده ساغری دگر زان نوشم
چون صوفی دردی کش میخانه عشق
صافی دل و سر مستم و لب خاموشم

رفتی و ز داغ دوریت دل خون شد
دل خون و دو دیده در غمت جیحون شد
جان خسته به سوی دشت عشق تو گریخت
کس هیچ ندانست کجا مجنون شد

دو بیتی

چیست این دنیا؟ مگر یک سایه از سیمرغ عشق

مرغ در افلاک و ما صیاد تصویر خیال

دل بر آن مسپار تا دریا در آغوشت کشد

ترک ساحل کن چو موجی سوی دریای وصال

نخستین صبح فروردین که خورشید از افق سر زد
دل من چون پرستویی به کوی عشق تو پر زد
به بزم گل همه پروانه‌ها در عیش و سرمستی
به سودای تو این پروانه بال خود به مجمر زد

آنچنان درد فراقت در دل من لانه کرد
کاتش عشقت به جان شد، خانه را ویرانه کرد
ره زدم در پرده از راز تو دیشب در نهفت
سوز آهم، عاقل و فرزانه را دیوانه کرد

در هوای کوی تو بی پای و بی سر آمدم
دیده بستم، پای دل تا پشت این در آمدم
نازنینا! چون به خوان مهر خود خواندی مرا
بر دو بال عشق همچون مرغ شهپر آمدم

بار الها! سرد و بارانی است باغ سینه‌ام
بار غم را باز گیر از شاخه خشکیده‌ام
اندر این تاریک تر ظلمت مرا در بر بگیر
تا بتابد نور عشقت در دل و در دیده‌ام

ای آسمان! امشب اگر آغوش خود را واکنی
بر بال سیمرغ دعا، اندر دلت گم می‌شوم
چون اشک شوق عاشقان، می‌بارم از چشم ترت
باران امید و طرب، بر جان مردم می‌شوم

وقت است که در نور تو بر آب نشینم
از خاک بِبُرّم، ره خورشید گزینم
وقتست به وصل تو سرایم غزل عشق
جز طُرّه گیسوی فریبات نچینم

نشستم همچو اشکی در نگاهت

شدم رودی، روان بر قرص ماهت

چو مروارید پاکی در صدف گیر

دل گم گشته‌ام را در پناهت

بر کمند زلف مشکینت نشینم منتظر

تا ز جادوی رخت روشن شود صبح سپید

درد عشقت را مگیر از من که در بحر غمت

روز موج آرزویم، شام مهتاب امید

خسروا! تا در سبویم هست اکسیر غمت

جان شیرین می‌دهم، صافی مینا سرکشم

من ز خاک تیره‌ام، تا آفتاب روی تو

می‌کند روشن دلم، هم تا ثریا پرکشم

دیدگانت را به سوی روشنایی باز کن
پرتو مهرش ببین و بندگی آغاز کن
آنکه آتش می‌زند بر خرمن هستی ز عشق
محرم اسرار پنهانست، با او راز کن

من آن گنجشکک مدهوش و مستم
که با یک نغمه رویایت شکستم
در آغوش گلی از باغ عشقت
به بزم نور بر شاخت نشستم

عجب خواب پریشانیست دنیا
وزان آشفته‌تر، بیداری ما
بیا ساقی، خرابم کن به جامی
که طرفی نیست از هشیاری ما

روز و شب با تو قصه می‌سازم

جز به عشقت سخن نپردازم

بند بندم به بند تو در بند

تا به دامت مگر که جان بازم

می‌سوزدم در سینه دل تنها درون این قفس

پر می‌کشد چون مرغ شب، جانم به کویت هر نفس

حاشا که باشد در دلم مهر دگر این را بدان

اندر قفس، با هر نفس، سودای دیدار تو بس

دنیا نهادی در کفم، بر کف نهادم جان و دل

در بوی نوش ساغرت، پیمانه کردم جان و دل

با هر نظر در منظرت، از خود شدم در بیخودی

تا دیده بستم بر جهان، بر تو گشودم جان و دل

ای فریبا! کاسه خالی شد ز صبرم پیش تو
مو به مو را هر شبانگه مویه کردم پیش تو
یا بیا پایین و از بالای خود دستم بگیر
یا که جان بستان که آن هیچست پیش جان تو

دلم خون، دیده دریا، غصه بسیار
کجا خواهم شدن زین درد آوار
بزن فریاد ای نای شکسته
که شاید بشکند این بغض دیوار

باز می‌رقصم رها از غم به باغ نسترن
چون نسیمی می‌وزم آزاد بر دشت و دمن
من نوای مطرب عشقم که هردم می‌زند
نغمه دلدادگی با مرغ خوشخوان چمن

یک غمزه از نگاه تو جان زد به آتشم
کو بوسه‌ای ز لبت که ز این خاک پرکشم
در خون نشسته رنگ افق تا به بزم عشق
جامی ز خون دل به تمنات سرکشم

چیستی؟ دردی؟ مرادی؟ آتشی؟
ای تو من! من بی تو و دردت چه بی من مانده‌ام
خرقه بر آتش زدم، گفتی که جان باید بسوخت
جان تویی، جانان تویی، بی جان در این تن مانده‌ام

دل سوخته، تن خسته ز بیداد زمانم
راز دل خود با که توان گفت؟ ندانم
برف است و زمین سرد و زمان سرد، خدایا!
پا تا به سر از آتش دل، سوخته جانم

در غم عشق تو مست و سرخوشم، در شادی‌ام
شمع جمع دوستان، رونق به هر آبادی‌ام
تا شدم مرغ گرفتار کمند زلف تو
همچو سیمرغم، رها بر قله آزادی‌ام

چیست این دنیا؟ مگر یک سایه از سیمرغ عشق
مرغ در افلاک و ما صیاد تصویرخیال
دل بر آن مسپار تا دریا در آغوشت کشد
ترک ساحل کن چو موجی سوی دریای وصال

آغوش خود را باز کن با یک سبد گل آمدم
با بوی برگ نسترن، با عطر سنبل آمدم
دل را سپردم بر نسیم، گفتم بغل گیرد تو را
خواند به گوشت راز دل، اینک چو بلبل آمدم

به خاک پای تو سوگند مهربان یارم
که من دل از غم عشق تو برنمی‌دارم
اگرچه یاد مرا برده باد از سر تو
که سر به یاد تو دادم به باد و بر دارم

ای مرغک زیبای من! شیرین بیانم!
ای نام و یادت روز و شب ورد زبانم
گفتی در آغوشم کشی! آغوش واکن
آرام جان، جان و جهان، ای مهربانم!

هر شب به مستی صد غزل خوانم به شوق روی تو
شوریده دل، آسیمه سر، آیم به سوی کوی تو
با نغمه مرغ سحر، رقصان شوم در دست باد
شاید بپیچاند مرا، در گلشن گیسوی تو

در هوای نفست رقص‌کنان چون بادم
گاه آبی و سفیدم، به دمی دلشادم
تا اسیر غم و حسرت شدم از درد فراق
دل به عشق تو سپردم، ز جهان آزادم

کاش آدم‌ها به مثل آینه، روبرو بودند در کردارشان
راستگویی چون زلال برکه‌ای، بود جاری در رگ گفتارشان
کاش می‌گفتند عیبت روبرو، بی‌تمسخرهای زشت و پشت‌سر
کاش گم می‌گشت در وقت غروب، سایه اندیشه‌های تارشان

وقتی ز کنج آسمان، خورشید شد پرتو فشان
نام تو را بار دگر، خواندم ز دل در گوش جان
پنهانی و پیدا به من، همواره جانی در بدن
ای من ز تو ای تو ز من، جانم به جانت ارمغان

یادت همه جا با من و دل همسفر است
دور از تو دلم خسته و خون بر جگر است
شب بسته دو دیده را خیال رخ تو
بنشین به نگاه من که وقت سحر است

زمین فرش بهاری بود در زیر قدم‌هایت
کنون دست زمان بر آسمان‌ها داده مأوایت
سفر کردی ز پیشم عندلیبم، مهربان یارم
درون دیده نقش تو، میان سینه‌ام جایت

آسمان مست و من می‌زده در بند زمان
موی یارست که بندست به او راز جهان
راز سرمستی عالم همه در چشم تو بود
من غافل، نگه از چشم تو کردم پنهان

روزی به شاخسار محبت عزیز دورانی
روز دگر به زیر قدم‌های سرد بارانی
اینست قصه بودن گهی بلند و گهی
افتاده و خموش، چو برگی بدست طوفانی

بال بگشا مرغکم! پرواز کن!
بر گلستان طرب دل باز کن
غنچه می‌روید ز دست روزگار
این زمستان می‌رود، آواز کن

ای مرغک زیبای عشق من که بالت خسته است
دنیایم ای زیباترین بر بال عشقت بسته است
گفتی در آغوشم کشی! آغوش واکن نازنین!
آرام جان، جان و جهان، جانم به جانت بسته است

بر شانه‌هایت می‌شوم، بار دگر آوازه خوان
از شعر چشمت می‌کنم، شعر و سرودی جاودان
صد آرزو در دیده‌ات، در انتظار روزگار
شاید صدایم بشکند، دیوار سنگین زمان

شب دلتنگی و تاریکی این کهنه کویر
ماه پوشیده به تن جامه سیمین حریر
بال بگشود دلم تا برود سوی فلک
وقت پرواز نگاه تو مرا کرد اسیر

نوای زمزمه‌های توام نوای سروش
هوای هر نفست همچو جان در این آغوش
فروغ دیده تو آفتاب جان من است
اگر غبار بگیرد دلم شود خاموش

صبحست و گل و سبزه دمیده
جانم ز غم وغصه رهیده
خرم دلت ای فروغ عالم
روشن ز جمال توست دیده

در خیال وصل گل، پروانه شب بس بی‌دل و بی‌تاب بود
آسمان آرام و او بر بستر ابریشمینش روشن از مهتاب بود
بوسه‌ای کوتاه بر روی گلی بنشاند و از غم ها رهید
او که عمری در دل پیله به امید پریدن خواب بود

عشق چون پروانه را در جان فتاد
بی‌قرار و مست بال و پرگرفت
شمع رخشان شد، به دامان اشک ریخت
شعله را رقصی خرامان در گرفت

رسید از دوست پیغامی به دستم
به گرمی گفت در یاد تو هستم
کجا بند غم و دنیای فانی؟
به مهرش از غم دنیا گسستم

نشست در بر گل، عطر گل دوچندان شد
بنفشه در طرب آمد، خزان بهاران شد
نشاط و سرخوشی از کف ربوده هوش و حواس
برون ز پرده عشاق، جان هزاران شد

شب هجران به امید تو سحر خواهم کرد
همه جا در رخ خوب تو نظر خواهم کرد
پر شدم از تو و خالی ز خود و همهمه‌ها
سوی تو، بی خود و بی خویش سفر خواهم کرد

در جدالی با وجود خویش می‌گفتم سخن
کای تو آن آزاده روحی اندکی در تن اسیر
وای اگر تسخیر سازد این تن خاکی تو را
مرغ شاهین باش و بر آفاق عالم پر بگیر

بودنت زیباست، و آن مستانه لب خندیدنت
بودنت را دوست دارم، شکر بادا بودنت
در خزان گل می‌دهد باغ دلم با یاد تو
خوش بمان تا صد بهاران، شکر بادا ماندنت

به هر سو بنگرم هرکس در این دنیا غمی دارد
دل من با خیال روی توخوش عالمی دارد
بنازم ناز چشم مست شهلای تو ای ساقی
که در هر گوشه ای افتاده در زیر و بمی دارد

ما جمله در اندیشه تغییر جهانیم

خود را نشناسیم و بد خویش ندانیم

در چرخ فلک چشم به ره منتظرانیم

غافل که میان دل خود در دَوَرانیم

رستم ز جهان تا برسم سوی مقامت

بر درگه شاهنشهیت گشته غلامت

در خلوت مهتاب نشستم به قبایی

تا باد قبایم بکشد سوی سلامت

یادت همه جا با من و دل همسفر است

دور از تو دلم خسته و خون بر جگر است

شب بسته دو دیده را خیال رخ تو

بنشین به نگاه من که وقت سحر است

آسمان و من و هوای تو باز
هر غروب از تو می‌شوم آغاز
ای طلوع دوباره دل من
خلوتی کن مرا به شام نیاز

خواستم پنهان کنم از دیده‌ات راز درون
آنچه برجانم رود هردم ز عشقت در جنون
لب گشودم تا بخندم همچو قندی بر دهان
دیده شد بارانی و افتاد رازدل برون

تا با منی جز تو چه باشد درد و درمانم
دردت به جانم، سر ز درد تو به سامانم
هردم به هردم می‌دهی دردی و درمانی
بی تو نه دم خواهم، نه دردی و نه درمانم

به هربرگ به صد رنگ، شکوه تو نهفته
به هر نغمه و آهنگ، سخن از تو شکفته
به هر صبح و به هر شام، تویی رامش و آرام
به دل یاد تو دارم، چه بیدار و چه خفته

به کوی عشق تو مهمانم امشب
ز دنیا و ز خود پنهانم امشب
به چنگ مهرت این دل می نوازد
گهی خندان و گه نالانم امشب

افق در خون و چشم ماه بیدار
سپهر آشفته تر از موی دلدار
به دریای غمت دل بیقرار است
خداوندا! قرارم را نگهدار

زیر این سقف منور، رنگ‌ها در رنگ‌ها
یاد می‌آرم تو را، از دورها، فرسنگ‌ها
باد می‌پیچد میان شاخه آوای تو را
می‌نشیند در دلم زیباترین آهنگ‌ها

آیینه را باور مکن، گاهی زلالی می‌شود
گاهی کدر، گه رنگ رنگ، نقش خیالی می‌شود
دنیا چنان مستت کند، کاندر نگاهت آسمان
گاهی چو گنبد گردکان، گاهی هلالی می‌شود

هر کجا باشی به هر عذری بیایم دیدنت
تا ببیند دیده بر دشت و دمن روییدنت
تا بگیرد وام یاس رازقی از بوی تو
تا بیاموزد شقایق شیوه خندیدنت

هیچ دانی به کجا شد دل بی بنیادم؟

از همان روز که در بند تو شد آزادم

درد هجران و غم یار گرانست ولی

من به سودای وصال تو به دنیا شادم

تک بیتی

ای از ازل ، ای لامکان

ای از من و در من روان

ای بینهایت ، بیکران

از جان سلامت می کنم

در مقام عشق تو هیچم دلیل و حاجتی در کار نیست
خوشتر از شوق وصال تو به جان و دل مرا پندار نیست

گل راز

در کنار خویشتن یابم تورا هردم به شوق
چون رها از خویشتن در جان توگم می‌شوم

شب نشینی با تو امشب خواب از چشمم ربود
نیم مستی از خمار باده یا چشم تو بود؟

زورقی در دل آرام و دلآرام در آن سوی افق
چشم گلگون شفق منتظر لبخندی است

تا بنددلم خورد گره در خم زلفت
دیگر گره‌ای بر سمن و سبزه نبستم

ای غزل کرده مرا، در غزلم خوش بنشین
که به هر بند، به بند توام و آزادم

نیارد دیگر امشب دل صبوری
که ای آرام جان از من تو دوری

بار الها! عالمی را آفریدی تا بیابی خود در آن
من تو را در جان و دل جا دادم و پیدا شدم

صبح غزل کند تو را، این دل و جان بی‌قرار
شاخه به شاخه، گل به گل، برگ به برگِ هر بهار

عهد کردم تا نبندم دل به رویای رخت

پرتو مهتاب رویت توبه در چشمم شکست

آرزویم همه این است دمی، گرگ بگذارم و آدم باشم

بگذرم از همه هستی و باز، لحظه ای اشرف عالم باشم

همچو سعدی گر توانی خویش را اندک شمار

تا کرامت برفزاید بر وجودت بی‌شمار

ای از ازل، ای لامکان، ای از من و در من روان
ای بی‌نهایت، بیکران، از جان سلامت می‌کنم

ببین تا شباهت چه اندازه دارم تو را
تو در بند خویشی، و من نیز خواهم تو را

یک شاخه گل هدیه من بر در بستان وجودت
ای دوست بمان خرم وخندان که جهانست به بودت

باز آیم سوی تو، با یک بغل گل با سلام
تا نشانم خنده‌ات را بر لب بستان دل

من نخواهم مردن از این زندگی

زندگی لبریز پیوند من است

در میان ذره‌های این هوا

جلوه‌های عشق و لبخند من است

آثار دکتر زهره انصاری

گلگون (مجموعه غزل‌ها)

گلبن (مثنوی)

گلریز (گلچینی از دلنوشته‌ها)

گلزار (شعر نو)

Gardenia's Heart

برای تهیه کتاب‌ها کیو-آر کد را اسکن کنید.